0

null

ноль

10

zehn

десять

20

zwanzig

двадцать

30

dreißig

тридцать

40

vierzig

сорок

50

fünfzig

пятьдесят

60

sechzig

шестьдесят

70

siebzig

семьдесят

80

achtzig

восемьдесят

90

neunzig

девяносто

100

einhundert

сто

1000

eintausend

тысяча

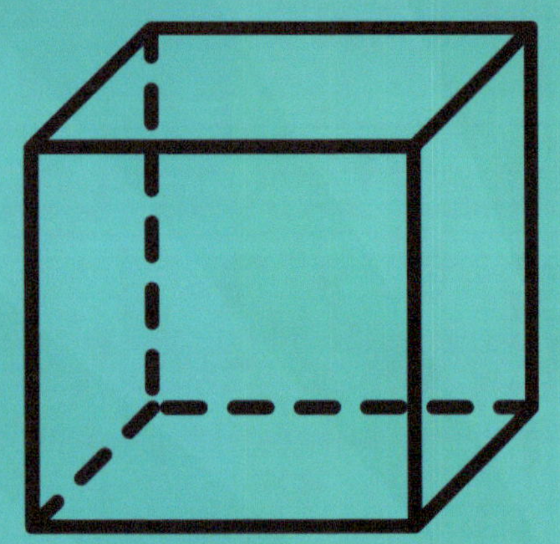

Würfel

кубик

Spielbaustein

кубик

Eiswürfel

кубик льда

Karamell

карамель

Zucker

сахар

Würfel

игральные кости

Geschenkbox

подарочная коробка

Pappkarton

картонная коробка

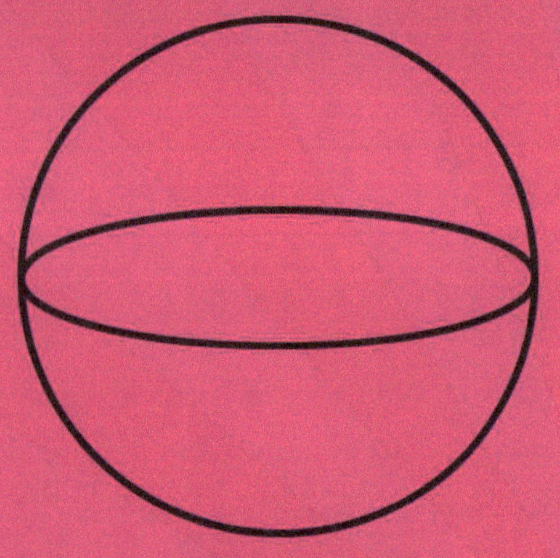

Kugel

сфера

Eiskugel

шарик мороженого

Perle

жемчуг

Blase

пузырь

Murmeln

шарики

Planet

планета

Schneeball

снежный шар

Tennisball

теннисный мяч

Zylinder

цилиндр

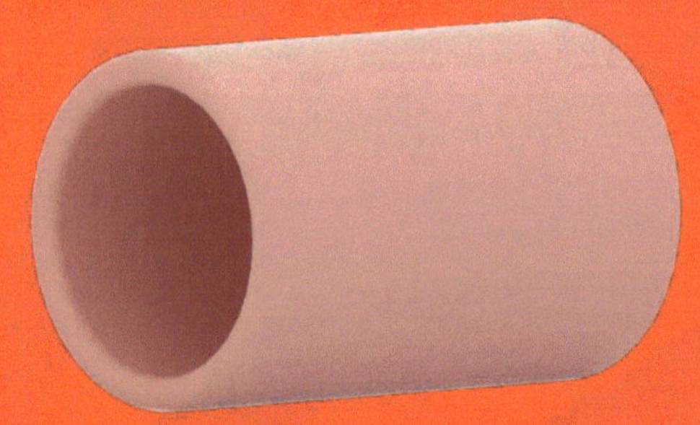

Rohr

трубка

Batterien

батарейки

Garnspule

катушка с нитками

Zimt

корица

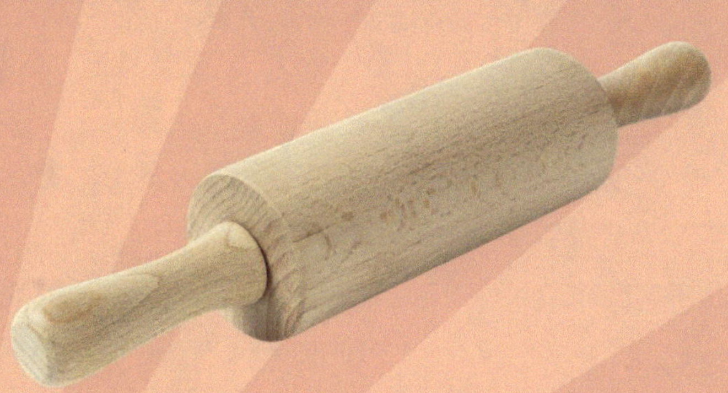

Nudelholz

скалка

Wurst

сосиска

Heuballen

стог сена

Kegel

конус

Verkehrskegel

дорожный конус

Eiswaffel

рожок мороженого

Hexenhut

шляпа ведьмы

Kerker

темница

Tannenbaum

ель

Partyhut

праздничная шляпа

Schnecke

улитка

Brombeere

ежевика

Johannisbeere

смородина

Clementine

клементин

Durian

дуриан

Drachenfrucht

питайя

Jackfrucht

джекфрут

Sternfrucht

карамбола

Spargel

спаржа

Radieschen

редиска

rote Bohne

красная фасоль

Rübe

репа

Maniok

маниока

Süßkartoffel

сладкий картофель

Kichererbsen

нут

Adler

орёл

Fledermaus

летучая мышь

Biber

бобёр

Flamingo

фламинго

Rabe

ворон

Amsel

чёрный дрозд

Blaumeise

синяя синица

Elster

сорока

Schwalbe

ласточка

Lerche

жаворонок

Sittich

попугай

Specht

дятел

Pfau

павлин

Papagei

попугай

tukan

тукан

Storch

аист

Koralle

коралл

Seeanemone

морской анемон

Seeigel

морской еж

Seepferdchen

морской конек

Clownfisch

рыба-клоун

Goldfisch

золотая рыбка

Krabbe

краб

Einsiedlerkrebs

рак-отшельник

Delfin

дельфин

Narwal

нарвал

Oktopus

осьминог

Tintenfisch

кальмар

Walhai

китовая акула

Orca

косатка

Blauwal

синий кит

Belugawal

белуха

Hammerhai

акула-молот

Weißer Hai

белая акула

Zitronenhai

лимонная акула

Tigerhai

тигровая акула

Heuschrecke

кузнечик

Raupe

гусеница

Skorpion

скорпион

Eidechse

ящерица

Dinosaurier

динозавры

schwarzes Haar

черные волосы

rotes Haar

рыжие волосы

braunes Haar

каштановые волосы

blondes Haar

светлые волосы

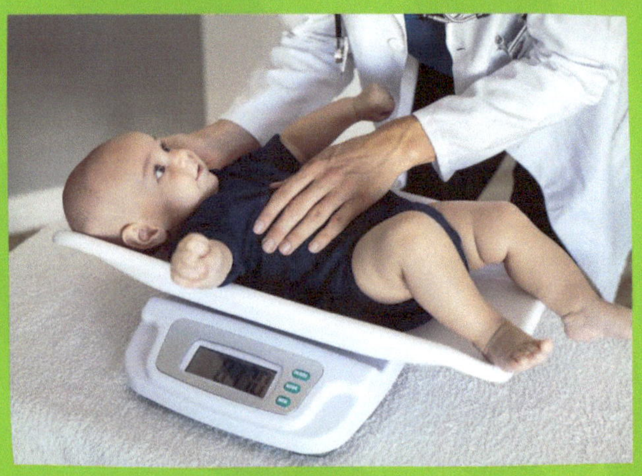

Waage

весы

Krankenhaus

больница

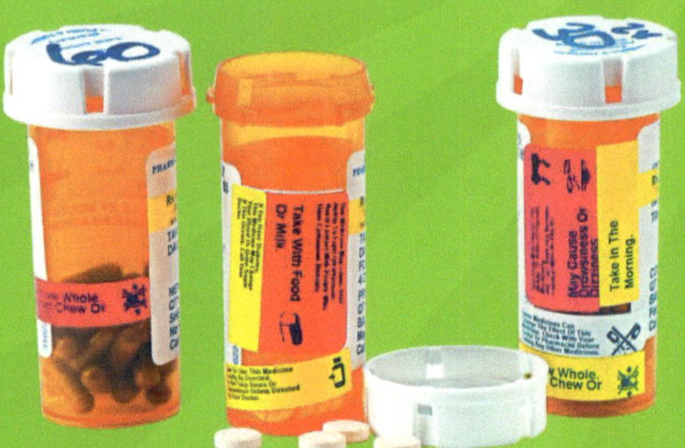

Medizin

лекарство

Thermometer

термометр

Verband

бинт

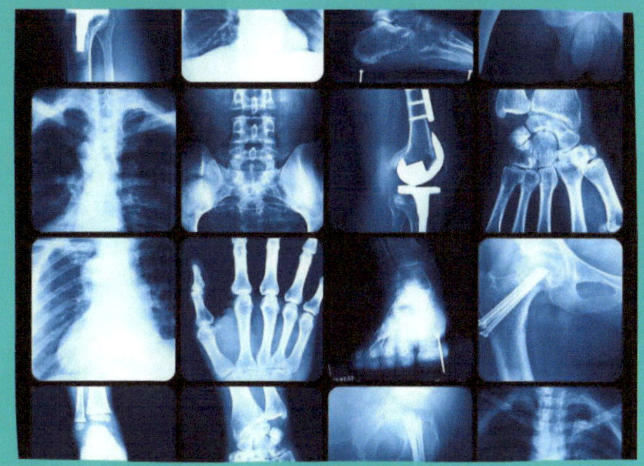

Röntgen

рентген

Doktor

врач

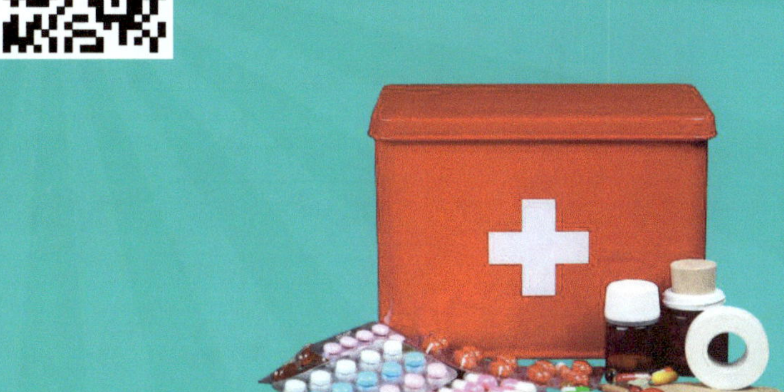

Erste-Hilfe-Kasten

аптечка

spielen

играть

zeichnen

рисовать

zählen

считать

schreiben

писать

Tanzen

танцы

Schwimmen

плавание

Skifahren

лыжи

Basketball

баскетбол

Tennis

теннис

Tischtennis

настольный теннис

Fußball

футбол

Reiten

верховая езда

Eishockey

хоккей

Judo

дзюдо

Boxen

бокс

Laufen

бег

Baseball

бейсбол

Kricket

крикет

Rugby

регби

Volleyball

волейбол

Maracas

маракасы

Tamburin

бубен

Xylophon

ксилофон

Geige

скрипка

Klavier

пианино

Gitarre

гитара

Cello

виолончель

Harfe

арфа

Trommel

барабан

Djembe

джембе

Schlagzeug

ударная установка

Trompete

труба

Horn

рог

Saxophon

саксофон

Flöte

флейта

Kopfhörer

наушники

singen

петь

Notenblatt

ноты

Mikrofon

микрофон

www.ingramcontent.com/pod-product-compliance
Lightning Source LLC
Chambersburg PA
CBHW041624110726
48005CB00002B/490